www.ingramcontent.com/pod-product-compliance
Lightning Source LLC
Chambersburg PA
CBHW071149220526
45466CB00012B/430
* 9 7 8 1 6 9 2 7 7 0 3 3 4 *